BIBEL

in Leichter Sprache

BIBEL
in Leichter Sprache

Jesus hilft den Menschen

kbw bibelwerk

Reihe:
Bibel in Leichter Sprache kompakt

Autoren:
Dieter Bauer, Claudio Ettl, Sr. M. Paulis Mels FSGM

Illustrator:
Jürgen Raff

Das Projekt „Evangelium in Leichter Sprache"
ist eine Kooperation von:
Katholisches Bibelwerk e. V. Stuttgart
Akademie Caritas-Pirckheimer-Haus, Nürnberg
Franziskanerinnen von Thuine

Webseite:
www.evangelium-in-leichter-sprache.de

Weitere Informationen unter www.leicht-lesbar.eu
Umschlagmotiv und Illustrationen: Jürgen Raff, Stuttgart
Umschlaggestaltung & Satz: Finken & Bumiller, Stuttgart
Druck: CPI books, Ulm

www.bibelwerk.de
ISBN 978-3-460-32197-7
Auch als E-Book erhältlich unter ISBN 978-3-460-51042-5

Inhalt

Vorwort

Liebe Leserin, lieber Leser,

Gott ist ein guter Gott.
Gott hat die Menschen lieb.
Gott möchte, dass es uns Menschen gut geht.

Gott hat Jesus zu uns Menschen geschickt.
Jesus soll uns Menschen sagen:
  Gott ist gut.
  Gott hat euch lieb.
  Gott ist immer bei euch.

Jesus ist genauso wie Gott.
  Jesus ist genauso gut wie Gott.
  Jesus hat uns Menschen genauso lieb wie Gott.
  Jesus ist immer bei uns.
  Genauso wie Gott.

Jesus hat uns **erzählt**:
  Gott ist gut.

Und Jesus hat uns **gezeigt**:

Gott ist gut.

Jesus hat es uns gezeigt:

Wenn Menschen krank waren.

Jesus hat sie gesund gemacht.

Oder wenn Menschen Hunger hatten.

Jesus hat ihnen Brot zu essen gegeben.

Oder wenn Menschen in Not waren.

Jesus hat ihnen geholfen.

Oder wenn Menschen von anderen ausgelacht wurden.

Jesus hat sie in Schutz genommen.

Die Menschen waren froh, wenn Jesus geholfen hat.

Aber die Menschen waren auch verwundert.

Die Menschen sagten:

Das ist ein Wunder.

Jesus hat ein Wunder gemacht.

Manchmal haben die Menschen für ein Wunder dankbar gebetet.

Manchmal haben sich die Menschen aufgeregt.

Und Angst bekommen.

Markus war ein Freund von Jesus.

Markus hat viel über Jesus aufgeschrieben.

Markus hat alles in schwerer Sprache geschrieben.
Alles, was Markus aufgeschrieben hat, steht in der Bibel.
Einige Sachen, die Markus aufgeschrieben hat, stehen in diesem Buch.
In diesem Buch ist alles in Leichter Sprache geschrieben.
Dieses Buch erzählt, wie Jesus verschiedenen Menschen geholfen hat.

Wir wünschen Ihnen viel Freude beim Lesen.

Das Projekt·team:
Schwester M. Paulis Mels, Dieter Bauer und Claudio Ettl

Möchten Sie mehr über das Projekt und über das Team erfahren?
Dann können Sie auf Seite 88 weiterlesen.

Jesus macht einen Mann gesund.

Markus 1,21–28

Einmal kam Jesus in eine Stadt.
In der Stadt war eine Synagoge.
Die Synagoge ist ein besonderes Haus.
In der Synagoge können sich die Menschen treffen.
Und beten.
Und zusammen über Gott sprechen.

Jesus ging in die Synagoge.
Jesus erzählte den Menschen von Gott.
Die Menschen staunten.
Die Menschen dachten:
Wenn Jesus redet, spüren wir Gott.

Die Menschen hörten Jesus gern zu.
In der Synagoge war ein Mann.
Der Mann war krank.
Der Mann hatte eine seltsame Krankheit.
Der Mann war von der Krankheit unglücklich.
Und nervös.

Als der Mann Jesus sah, wurde der Mann
sofort nervös.
Der Mann schrie laut.

Der Mann schrie:

Was willst du hier, Jesus?
Hau ab.
Ich weiß, wer du bist.
Du kommst von Gott.

Jesus sagte zu dem Mann:

Du sollst gesund werden.

Der Mann fing schrecklich an zu zittern.
Und zu schreien.
Danach war der Mann gesund.

Die Leute bekamen einen Schreck.
Die Leute sagten:

Was ist denn jetzt passiert?
Jesus hat ja eine ganz besondere Kraft!
Die Kraft hat Jesus von Gott.
Jesus macht etwas ganz Neues.
Sogar die Krankheiten machen, was Jesus will.

Die Leute erzählten überall, wie Jesus die Menschen gesund macht.
Jesus wurde überall bekannt.

Jesus macht die Schwieger·mutter von Simon gesund.

Markus 1,29–31

Simon war ein guter Freund von Jesus.
Jesus ging zu Simon nach Hause.
Die Schwieger·mutter von Simon wohnte auch in dem Haus.
Die Schwieger·mutter war krank.
Sie hatte Fieber.
Und lag im Bett.

Jesus ging zu der Schwieger·mutter.
Und fasste sie an der Hand.
Die Schwieger·mutter setzte sich auf.
Und war sofort gesund.
Sie konnte wieder aufstehen.

Jesus macht einen aussätzigen Mann gesund.

Markus 1,40–45

Einmal kam ein Mann zu Jesus.
Der Mann war krank.
Die Krankheit heißt Aussatz.
Aussatz macht die Haut krank.
Aussatz ist eine ansteckende Krankheit.
Darum dürfen Menschen mit Aussatz nicht mehr bei der Familie wohnen.
Und nicht mehr in der Stadt bleiben.
Und nicht mehr zum Gottes·dienst gehen.

Der Mann mit Aussatz sagte zu Jesus:

Du kommst von Gott.
Du kannst mich gesund machen.

Jesus hatte Mitleid mit dem Mann.
Jesus sagte:

Ja.
Ich will, dass du gesund wirst.
Gott macht dich gesund.

Jesus berührte den Mann.
Der Mann war sofort gesund.
Der ganze Aussatz war weg.

Jesus sagte zu dem Mann:

> Sag zu keinem Menschen, dass du gesund bist.
> Sondern geh zum Priester.
> Zeige dem Priester, dass Gott dich
> gesund gemacht hat.
> Bete zusammen mit dem Priester.
> Als Dankeschön.
> Weil Gott dich gesund gemacht hat.

Der gesunde Mann war sehr glücklich.
Der Mann erzählte überall, dass er gesund ist.
Jetzt wollten alle Menschen zu Jesus.
Jesus konnte keine Ruhe mehr finden.
Jesus versteckte sich meistens.
Trotzdem fanden die Leute Jesus.
Die Leute wollten bei Jesus bleiben.

Jesus zeigt, dass Gott alles gut machen kann.

Markus 2,1–12

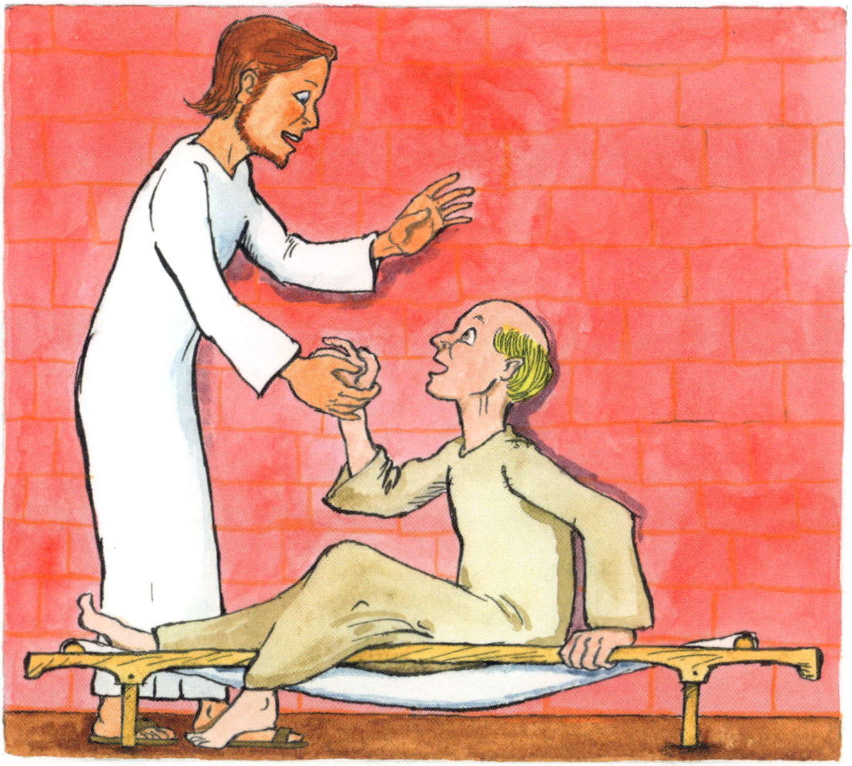

Einmal war Jesus in einem Haus.
Jesus erzählte von Gott.
Viele Leute wollten Jesus zuhören.
Aber das Haus war zu klein.
Die Leute mussten sogar draußen vor der Tür stehen.

Da kamen 4 Männer.
Die Männer trugen einen Mann auf einer Liege.
Weil der Mann gelähmt war.
Der Mann konnte nicht gehen.
Die Männer wollten den Mann zu Jesus in
das Haus bringen.
Aber die Männer konnten nicht in das Haus kommen.
Weil alle Leute im Weg standen.
Die Männer hatten eine Idee.
Die Männer kletterten auf das Dach von dem Haus.
Die Männer machten ein Loch in das Dach.
Jetzt konnten die Männer durch das Loch zu Jesus
kommen.
Die Männer legten den Mann mit der Liege vor
Jesus hin.

Jesus sah die 4 Freunde von dem gelähmten Mann.
Und dass die 4 Freunde Vertrauen zu Jesus hatten:
Dass Jesus alles gut machen wird.

Darum sagte Jesus zu dem gelähmten Mann:
Gott macht alles gut.
Gott hat alles Böse gut gemacht.

Einige Religions·gelehrte hörten zu.
Die Religions·gelehrten dachten wütend:
Jesus lügt.
Jesus kann gar nicht wissen, ob Gott das Böse gut macht.
So was darf Jesus gar nicht behaupten.

Jesus merkte, dass die Religions·gelehrten heimlich wütend waren.
Jesus sagte zu den Religions·gelehrten:
Ich weiß wohl, was ihr denkt.
Ihr denkt:
Ich soll nicht sagen, dass Gott alles Böse gut gemacht hat.
Aber ihr sollt merken, dass Gott sehr **wohl** alles gut gemacht hat.
Ihr sollt das an dem gelähmten Mann merken.

Jesus sagte zu dem gelähmten Mann:
Steh auf.
Du kannst wieder gehen.

Du kannst selber nach Hause gehen.
Du sollst deine Liege selber tragen.
Da stand der Mann auf.
Der Mann war geheilt.
Der Mann konnte allein gehen.
Und die Liege tragen.

Da staunten alle Leute.
Die Leute sagten:
So etwas haben wir noch nie gesehen.
Gott ist wirklich ein guter Gott.

Jesus macht ein Mädchen gesund.

Markus 5,21–24.36–43

Einmal kam ein Mann zu Jesus.
Der Mann hieß Ja·irus.
Ja·irus hatte eine Tochter.
Die Tochter war 12 Jahre alt.
Die Tochter lag im Sterben.

Ja·irus sagte zu Jesus:
Jesus, du musst sofort kommen.
Meine kleine Tochter ist krank.
Meine kleine Tochter stirbt.
Bitte, komm schnell.
Lege deine Hände auf meine Tochter.
Dann wird meine Tochter wieder gesund.

Jesus ging mit Ja·irus mit.
Unterwegs kamen Diener von Ja·irus.
Die Diener sagten zu Ja·irus:
Jesus kann wegbleiben.
Jesus kommt zu spät.
Deine Tochter ist gerade gestorben.

Jesus sagte zu Ja·irus:
Hab keine Angst.
Glaube einfach, dass Gott dir helfen kann.

Jesus ging in das Haus von Ja·irus.
Im Haus waren viele Leute.
Alle weinten.
Und jammerten:
    Das Mädchen ist gestorben.

Jesus sagte zu den Leuten:
    Hört auf zu weinen.
    Und zu jammern.
    Das Mädchen ist nicht gestorben.
    Das Mädchen schläft bloß.

Die Leute lachten Jesus aus.
Die Leute sagten:
    Jesus ist dumm.
    Jesus hat keine Ahnung.

Jesus schickte alle Leute nach draußen.
Nur die Eltern durften mitkommen.
Und 3 Freunde von Jesus.
Jesus ging zum Bett von dem Mädchen.
Jesus fasste das Mädchen an der Hand.
Jesus sagte:
    Mädchen, ich sage dir: Steh auf.
Das Mädchen stand sofort auf.

Jesus sagte zu den Eltern:
Das Mädchen muss etwas essen.

Die anderen Leute waren entsetzt.
Die anderen Leute konnten nicht glauben,
dass das Mädchen lebt.
Und wieder gesund ist.

Jesus macht eine kranke Frau gesund.

Markus 5,21.25–34

Einmal kam Jesus in eine Stadt.
In der Stadt lebte eine Frau.
Die Frau war schon 12 Jahre krank.
Die Frau blutete viel.
Und oft.
Kein Doktor konnte der Frau helfen.
Die Frau dachte:

> Ich gehe zu Jesus.
> Ich brauche Jesus nur anfassen.
> Dann werde ich gesund.

Bei Jesus waren viele Leute.
Die Frau konnte nicht bis zu Jesus kommen.
Alle Leute standen im Weg.

Die Frau dachte:

> Ich brauche nur einmal ganz nahe bei Jesus sein.
> Und Jesus nur einmal antippen.
> Dann werde ich gesund.

Die Frau drängelte sich nach vorne.
Die Frau konnte den Mantel von Jesus mit dem Finger antippen.
Die Frau fühlte sofort, dass das Bluten aufhörte.
Und dass sie gesund war.

Jesus merkte auch, dass etwas passiert war.
Weil Jesus auf einmal viel Kraft spürte.
Aber Jesus wusste nicht, was passiert war.
Jesus fragte:
Hat mich jemand angefasst?

Die Freunde von Jesus sagten:
Alle Leute drängeln.
Und rempeln dich an.
Und fassen dich an.

Jesus sagte:
Einer hat mich ganz besonders angefasst.
Das habe ich genau gemerkt.

Jesus guckte nach hinten.
Jesus sah die Frau.
Die Frau war ganz erschrocken.
Die Frau wollte am liebsten wegrennen.
Aber Jesus guckte die Frau lieb an.
Da erzählte die Frau alles, was passiert war.

Jesus sagte zu der Frau:
Es ist alles in Ordnung.
Du hast alles richtig gemacht.
Du hast geglaubt, dass Gott dir helfen kann.
Darum sollst du jetzt immer gesund bleiben.
Du kannst froh nach Hause gehen.

Jesus macht ein kleines Mädchen in einem fremden Land gesund.

Markus 7,24–30

Einmal wollte Jesus allein sein.
Darum ging Jesus in ein fremdes Land.
Jesus dachte:

In dem fremden Land kennt mich keiner.
In dem fremden Land kommen keine Leute zu mir.
Ich kann in Ruhe beten.

Aber eine Frau in dem fremden Land kannte Jesus doch.
Die Frau hatte eine kleine Tochter.
Die kleine Tochter war krank.
Die Frau ging sofort zu Jesus.
Die Frau sagte zu Jesus:

Meine kleine Tochter ist krank.
Bitte, mach meine kleine Tochter wieder gesund.

Jesus sagte zu der Frau:

Gott hat mich zu den armen und kranken Menschen in **meinem** Land geschickt.
Damit ich die kranken Menschen in **meinem** Land gesund mache.
Du gehörst zu einem fremden Land.
Die Menschen in dem fremden Land behandel ich anders als die Menschen in **meinem** Land.
Das ist ähnlich wie bei Menschen und Hunden.
Ein Hund wird anders behandelt als die Menschen.

Zum Beispiel beim Essen:
Beim Essen sitzen nur die Menschen am Tisch.
Der Hund sitzt auf dem Boden.
Und nur die Menschen bekommen gekochtes Essen.
Der Hund bekommt Hunde·futter.

Die Frau sagte zu Jesus:
Ja, das stimmt.
Aber manchmal fällt etwas von dem gekochten Essen auf den Boden.
Dann kommt schnell der Hund.
Und frisst das gekochte Essen, das auf den Boden gefallen ist.
Ich bin auch schnell zu dir gekommen.
Wie der Hund in der Familie.
Damit du meine Tochter gesund machst.

Jesus staunte über die Frau.
Jesus sagte zu der Frau:
Das ist eine gute Antwort.
Du glaubst wirklich, dass Gott dir helfen will.
Weil Gott **alle** Menschen lieb hat.
Darum soll deine kleine Tochter gesund werden.

Die Frau ging wieder nach Hause.
Die Tochter von der Frau war wirklich gesund.

Jesus macht, dass ein Mann hören und sprechen kann.

Markus 7,31–37

Einmal brachten die Leute einen Mann zu Jesus.
Der Mann konnte nicht hören.
Der Mann war taub.
Der Mann konnte auch nicht sprechen.
Der Mann war stumm.
Jesus sollte den Mann gesund machen.

Bei Jesus standen viele Leute.
Jesus wollte mit dem Mann allein sein.
Jesus ging mit dem Mann an die Seite.
Jesus legte seine Finger in die Ohren von dem Mann.
Und Jesus berührte die Zunge von dem Mann.
Jesus sagte zu dem Mann:

Öffne dich.

Da gingen die Ohren von dem Mann auf.
Und die Zunge wurde gesund.
Der Mann konnte jetzt hören.
Und sprechen.

Die Leute staunten.
Die Leute sagten:

Jesus macht alles gut.
Jesus macht, dass die tauben Menschen hören können.
Und dass die stummen Menschen sprechen können.

Jesus macht, dass ein blinder Mann sehen kann.

Markus 8,22–26

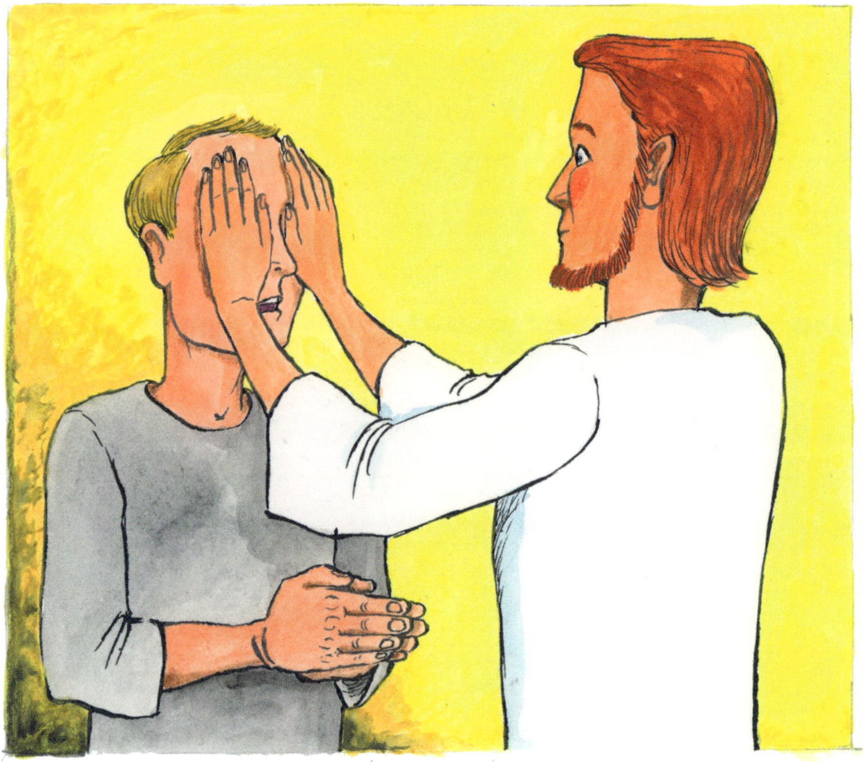

Einmal brachten die Leute einen Mann zu Jesus.
Der Mann konnte nicht sehen.
Der Mann war blind.
Die Leute sagten zu Jesus:

> Du sollst machen, dass der blinde Mann wieder sehen kann.

Jesus wollte mit dem Mann allein sein.
Ohne fremde Leute drum herum.
Darum ging Jesus mit dem Mann von den Leuten weg.
Jesus strich Spucke auf die Augen von dem Mann.
Dann legte Jesus seine Hände auf den Kopf von dem Mann.

Jesus fragte den Mann:

> Kannst du etwas sehen?

Der Mann sagte:

> Ja. Ich sehe etwas.
> Das sieht aus wie Bäume.
> Die Bäume laufen herum.
> Vielleicht sind das keine Bäume.
> Sondern Menschen.

Jesus merkte an der Antwort:

> Der Mann kann noch nicht gut sehen.

Darum legte Jesus seine Hände auf die Augen von dem Mann.
Danach konnte der Mann alles ganz klar sehen.
Der Mann war geheilt.

Jesus macht den blinden Bartimäus gesund.

Markus 10,46b–52

Einmal ging Jesus eine Straße entlang.
Viele Leute gingen zusammen mit Jesus die Straße entlang.
Die Leute redeten alle durcheinander.

An der Seite von der Straße saß ein Mann.
Der Mann hieß Bartimäus.
Bartimäus war blind.
Und arm.
Bartimäus musste betteln.

Bartimäus hörte, dass viele Leute vorbei gingen.
Und dass alle Leute durcheinander redeten.
Und aufgeregt waren.

Bartimäus fragte die Leute:

> Was ist los?

Die Leute sagten:

> Jesus kommt vorbei.

Bartimäus freute sich.
Bartimäus rief laut:

> Hallo, Jesus.
> Jesus, hörst du mich?
> Jesus, hilf mir.

Die Leute wurden ärgerlich.
Weil Bartimäus so laut schrie.

Die Leute sagten zu Bartimäus:
Halt den Mund!
Aber Bartimäus schrie noch viel lauter:
Hallo, Jesus.
Jesus, hilf mir.

Jesus hörte Bartimäus rufen.
Jesus sagte zu den Leuten:
Ich höre einen Mann.
Der ruft ganz laut.
Der Mann soll zu mir kommen.

Die Leute sagten zu Bartimäus:
Nur Mut.
Jesus sagt, du sollst kommen.

Bartimäus sprang auf.
Bartimäus lief zu Jesus.
Jesus fragte Bartimäus:
Was willst du?
Was soll ich für dich tun?

Bartimäus sagte zu Jesus:

Du bist ein lieber Mensch.
Du kommst von Gott.
Ich möchte so gerne sehen können.

Jesus sagte zu Bartimäus:

Du glaubst, dass ich dir helfen kann.
Darum kannst du ab jetzt wieder sehen.

Sofort konnte Bartimäus sehen.
Bartimäus war glücklich.
Bartimäus ging jetzt mit Jesus mit.

Jesus schickt 12 Freunde zum Helfen aus.

Markus 6,7–13

Jesus erzählte überall von Gott.
Immer mehr Menschen wollten etwas von Gott hören.
Jesus konnte das Erzählen nicht mehr allein schaffen.
Weil so viele Menschen kamen.

Jesus rief seine wichtigsten Freunde zusammen.
Die wichtigsten Freunde waren 12 Männer.
Die 12 Freunde sollten Jesus helfen.
Jesus sagte zu den 12 Freunden:

Ihr sollt mir helfen.
Immer 2 von euch sollen zusammen bleiben.
Und zusammen zu den Menschen gehen.
Ihr sollt von Gott erzählen.
Und die Menschen gesund machen.
Und froh.
Gott gibt euch die Kraft dafür.

Jesus sagte:

Ihr braucht kein Gepäck mitschleppen.
Und kein Essen.
Und kein Geld.
Ihr könnt bei den Häusern anklopfen.
Und fragen, ob ihr etwas zu essen bekommt.
Und ob ihr übernachten dürft.

Vielleicht sagen die Leute **Ja**.
Dann könnt ihr in dem Haus bleiben.
Und von Gott erzählen.
Bis ihr mit dem Erzählen fertig seid.

Oder die Leute sagen **Nein**.
Und wollen euch nicht hören.
Dann könnt ihr nichts machen.
Dann geht ihr einfach weiter.
Bis in die nächste Stadt.

Die 12 Freunde machten alles genauso,
wie Jesus sagte.
Immer 2 Freunde gingen zusammen.
Die Freunde erzählten überall von Gott.
Und machten viele Kranke gesund.
Die Menschen wurden froh.

Jesus macht einen Jungen gesund.

Markus 9,14–29

Einmal erzählten die Freunde von Jesus den Menschen von Gott.
Und machten selber Menschen gesund.
Genauso wie Jesus.
Jesus war solange in einer anderen Gegend unterwegs.

Da kam ein Vater zu den Freunden.
Der Vater brachte seinen Sohn mit.
Der Sohn war krank.
Die Freunde sollten den Sohn gesund machen.
Aber die Freunde konnten es nicht.

Viele Leute standen dabei.
Alle diskutierten über das Gesund·machen.
Und begannen miteinander zu streiten.

Da kam Jesus zurück.
Jesus fragte:
  Warum streitet ihr euch?
Der Vater sagte:
  Ich habe meinen Sohn mitgebracht.
  Weil mein Sohn krank ist.
  Mein Sohn fällt manchmal hin.
  Und knirscht mit den Zähnen.
  Und hat Schaum am Mund.
  Und zuckt am ganzen Körper.

Deine Freunde sollten meinen Sohn gesund machen.
Aber deine Freunde schaffen das nicht.

Jesus war genervt.
Jesus sagte:
Bringt den Jungen zu mir.

Als der Junge bei Jesus war, fiel der Junge sofort hin.
Er knirschte mit den Zähnen.
Und hatte Schaum vor dem Mund.
Und zuckte am ganzen Körper.

Jesus fragte den Vater:
Wie lange hat dein Sohn schon diese Krankheit?
Der Vater sagte:
Die Krankheit hat er schon immer.
Manchmal ist mein Sohn sogar ins Feuer gefallen.
Oder ins Wasser.
Das war lebens·gefährlich.
Bitte Jesus: Wenn du kannst:
Dann mach meinen Sohn gesund.

Jesus sagte:
Ich kann deinem Sohn helfen.
Glaubst du das?

Der Vater sagte:
Ich möchte glauben, dass du meinem Sohn helfen kannst.
Aber das Glauben fällt mir schwer.
Bitte, hilf mir, dass ich richtig glauben kann.
Und dass mein Sohn gesund wird.

Da sagte Jesus:
Krankheit. Ich befehle dir:
Geh weg von diesem Jungen und komm nie mehr zurück.

Da zuckte der Junge auf dem Boden hin und her.
Der Junge schrie noch einmal laut.
Dann lag der Junge still da.
Er sah aus wie tot.

Die Leute sagten:
Der Junge ist gestorben.

Aber Jesus fasste den Jungen an der Hand.
Und der Junge stand auf.
Der Junge war gesund.

Jesus hilft einem wilden Mann.

Markus 5,1–20

Jesus und seine Freunde kamen in eine andere Gegend.
In der Gegend war eine Höhle.
In der Höhle wohnte ein Mann.
Der Mann durfte nicht wie die anderen Menschen in der Stadt wohnen.
Die anderen Menschen sagten:

> Der Mann ist schrecklich wild.
> Und laut.
> Der Mann schreit immer.
> Wir halten das nicht aus.

Die anderen Menschen hatten den Mann schon mit Eisen·ketten fest gebunden.
Aber der Mann war stark.
Der Mann war so stark, dass er die Eisen·ketten zerrissen hatte.

Alle Menschen hatten Angst vor dem Mann.
Jesus hatte keine Angst vor dem Mann.
Jesus tat der Mann leid.
Jesus fragte den Mann:

> Warum schreist du so?
> Warum bist du so wild?

Der Mann schrie:
Ich tobe wild herum.
Und schreie.
Und schlage mich.
Ich kann gar nichts dagegen machen.
Das passiert so.
Die anderen Menschen sagen, dass ich böse bin.
Und fesseln mich mit Eisen·ketten.
Davon werde ich wütend.
Die Eisen·ketten habe ich alle wieder zerrissen.

Jesus sagte zu dem Mann:
Ich will dir helfen.
Damit das wilde Herum·toben aufhört.
Und damit du wieder mit den anderen Menschen
in der Stadt wohnen kannst.

Da konnte der Mann wieder vernünftig reden.
Und bei Jesus sitzen.
Und sich mit Jesus unterhalten.

Am Abend wollte Jesus in eine andere Gegend gehen.
Der Mann wollte mit Jesus mitgehen.
Jesus sagte zu dem Mann:
Du sollst lieber wieder in die Stadt gehen.
Und zu deiner Familie.

Du sollst überall erzählen, was du mit mir erlebt hast.
Und wie ich dir geholfen habe.

Jesus hat Streit mit Religions·gelehrten. Weil Jesus eine gelähmte Hand gesund macht.

Markus 3,1–6

Als Jesus lebte, gab es Religions·gelehrte.
Die Religions·gelehrten sagten:
    In der Bibel stehen viele Gesetze.
    Die Gesetze hat Gott gemacht.
    Die Menschen müssen die Gesetze von Gott einhalten.
Deswegen passten die Religions·gelehrten genau auf die Menschen auf.
Damit die Menschen die Gesetze einhalten.

Aber Jesus sagte:
    Gott hat gute Gesetze gemacht.
    Die Gesetze helfen den Menschen.
    Ihr braucht nicht auf die Menschen aufpassen.
Die Religions·gelehrten waren deswegen sauer auf Jesus.

Einmal ging Jesus an einem Sabbat in eine Synagoge.
Die Synagoge ist ein besonderes Haus.
In der Synagoge können sich die Menschen treffen.
Und beten.
Und zusammen über Gott sprechen.

In der Synagoge saßen viele Religions·gelehrte.
Und andere Leute.
Und ein Mann mit einer kranken Hand.

Die Hand war krumm und gelähmt.
Die Religions·gelehrten passten genau auf Jesus auf.

Die Religions·gelehrten dachten:

Wir wollen sehen, ob Jesus die Hand am Sabbat gesund macht.
Gesund·machen ist arbeiten.
Arbeiten ist am Sabbat verboten.

Jesus sagte zu dem Mann mit der kranken Hand:

Steh auf.
Stell dich in die Mitte.
Alle sollen deine Hand sehen.

Dann fragte Jesus die Religions·gelehrten:

Heute ist Sabbat.
Darf ich am Sabbat etwas Gutes tun?
Darf ich am Sabbat kranke Menschen gesund machen?

Niemand gab Jesus eine Antwort.

Jesus wurde sehr traurig.
Und zornig.
Weil die Religions·gelehrten ein hartes Herz hatten.
Und kein Mitleid mit dem Mann.
Und mit der kranken Hand.

Jesus sagte zu dem Mann:
Streck deine Hand aus.
Der Mann streckte die Hand aus.
Die Hand war wieder gesund.

Da gingen die Religions·gelehrten nach draußen.
Die Religions·gelehrten waren wütend auf Jesus.
Die Religions·gelehrten sagten zueinander:
Jesus hat den Mann gesund gemacht.
Gesund·machen ist arbeiten.
Arbeiten ist am Sabbat verboten.
Dafür muss Jesus bestraft werden.
Jesus muss die Todes·strafe bekommen.

Jesus macht 5000 Menschen satt.

Markus 6,32–44

Einmal wollte Jesus mit seinen Freunden allein sein.
Jesus und seine Freunde fuhren mit einem Boot weg.
Über einen See.
Dahin, wo keine Leute sind.

Am Ufer standen Massen von Leuten.
Die Leute konnten genau sehen, wohin das Boot fährt.
Die Leute liefen zu Fuß am Ufer dahin.
Als Jesus mit den Freunden ankam, waren die Leute auch schon da.

Jesus staunte, dass so viele Leute da waren.
Jesus hatte Mitleid mit den Leuten.
Weil sich niemand um die Leute kümmerte.
Und weil die Leute so gerne alles über Gott wissen wollten.
Darum erzählte Jesus den Leuten sehr lange von Gott.

Am Abend sagten die Freunde zu Jesus:

> Du musst die Leute nach Hause schicken.
> Damit die Leute sich noch etwas zum Essen kaufen können.

Jesus sagte zu seinen Freunden:

> Ihr sollt den Leuten etwas zum Essen geben.

Die Freunde fragten Jesus:

Sollen wir für so viele Leute Brot einkaufen?
Wie soll das gehen?

Jesus sagte:

Guckt nach, wie viel Brot da ist.

Die Freunde guckten nach.
Die Freunde fanden 5 Brote.
Und außerdem 2 Fische.
Jesus sagte zu den Leuten:

Setzt euch in kleinen Gruppen ins Gras.

Dann nahm Jesus die 5 Brote und die 2 Fische.
Jesus blickte zum Himmel.
Jesus betete und dankte Gott.
Dann fing Jesus an, das Brot und die Fische zu verteilen.
Die Freunde von Jesus halfen mit.
Alle Leute wurden satt.
Obwohl es 5000 Leute waren.
Zum Schluss blieben noch 12 Körbe mit Resten übrig.

Jesus macht 4000 Menschen satt.

Markus 8,1–10

Einmal waren ungefähr 4000 Leute bei Jesus.
In der Gegend war fast nur Sand.
Es gab nichts zu essen und zu trinken.
Trotzdem gingen die Leute nicht nach Hause.
Die Leute wollten immer nur Jesus zuhören.
Die Leute schliefen nachts sogar bei Jesus.

Am 3. Tag sagte Jesus zu seinen Freunden:

> Ich habe Mitleid mit den Menschen.
> Die Menschen sind schon 3 Tage bei mir.
> Die Menschen haben nichts mehr zu essen und zu trinken.
> Die Menschen sind schon schwach.
> Ich kann die Menschen nicht nach Hause schicken.
> Dann werden die Menschen ohn·mächtig.

Die Freunde fragten Jesus:

> Wie willst du die Menschen denn satt machen?
> Woher sollen wir soviel zu essen bekommen?
> Hier ist doch nur Sand.

Jesus sagte:

> Wieviel Brote haben wir denn noch?

Die Freunde sagten:

> Wir haben noch 7 Brote.

Jesus sagte zu den Leuten:

Setzt euch alle auf den Boden.

Dann nahm Jesus die 7 Brote.

Jesus betete und dankte Gott für die Brote.

Dann brach Jesus die Brote durch.

Die Freunde von Jesus teilten die Brote an
die Menschen aus.

Die Freunde hatten auch noch ein paar Fische.

Jesus dankte Gott auch für die Fische.

Die Freunde teilten auch die Fische aus.

Alle Leute aßen sich satt.

Die Freunde sammelten die Brot·reste ein.

Davon wurden 7 Körbe voll.

Als alle Leute satt waren, schickte Jesus die Leute
nach Hause.

Jesus hilft seinen Freunden, als das Boot fast untergeht.

Markus 4,35–41

Einmal fuhr Jesus mit seinen Freunden in einem Boot auf einem See.
Auf einmal kam ein Sturm.
Durch den Sturm kam viel Wasser in das Boot hinein.
Viel Wasser im Boot ist gefährlich.
Weil das Boot davon untergehen kann.
Und die Leute im See ertrinken.

Aber Jesus merkte gar nichts.
Jesus war eingeschlafen.
Die Freunde weckten Jesus.
Die Freunde schrien:

> Jesus, wir gehen unter.
> Stört dich das gar nicht?

Jesus stellte sich hin.
Jesus sagte zu dem Sturm:

> Sei still.

Der Sturm hörte sofort auf.
Und war still.
Das Wasser vom See wurde auch still.

Die Freunde staunten.
Und waren sehr erschrocken.

Die Freunde sagten:

Was ist Jesus für ein Mensch?
Wieso kann Jesus mit dem Wind reden?
Und mit dem Wasser?
Warum tut der Wind, was Jesus sagt?
Warum tut das Wasser, was Jesus sagt?

Jesus fragte die Freunde:

Warum habt ihr solche Angst?
Ich bin doch bei euch!
Glaubt ihr gar nicht, dass Gott euch helfen kann?

Jesus macht, dass ein Betrüger ein guter Mensch wird.

Markus 2,13–17

Einmal begegnete Jesus einem Mann.
Der Mann hieß Levi.
Der Beruf von Levi war: Steuer·geld von den Leuten holen.
Das bedeutet: Die Leute müssen bei Levi Steuern für den Staat bezahlen.

Levi nahm zu viel Steuer·geld von den Menschen ab.
Das Geld behielt Levi für sich selber.
Davon wurde Levi reich.
Die Leute waren wütend auf Levi.
Die Leute schimpften:

> Levi ist ein Sünder.
> Weil er die Leute betrügt.

Jesus sagte zu Levi:

> Komm mit. Geh mit mir.

Levi freute sich darüber.
Und bereitete ein Fest·essen.
Das Fest·essen war für Jesus.
Und für die Freunde von Jesus.
Und für die Arbeits·kollegen von Levi.
Die Arbeits·kollegen von Levi sammelten auch zu viel Geld ein.

Die Leute waren auch auf die Arbeits·kollegen wütend.
Die Leute sahen Jesus und Levi und die Arbeits·kollegen zusammen beim Fest·essen.

Die Leute schimpften:

Warum tut Jesus das?
Warum geht Jesus zum Fest·essen mit lauter Betrügern?
Warum feiert Jesus zusammen mit den Betrügern und Sündern?

Jesus hörte, wie die Leute schimpften.
Jesus sagte zu den Leuten:

Das ist bei mir so wie bei einem Arzt.
Der Arzt geht zu den **kranken** Menschen.
Damit die kranken Menschen gesund werden.
Ich mache es so ähnlich:
Ich gehe zu den Betrügern und Sündern.
Damit die Betrüger und Sünder gute Menschen werden.

Jesus nimmt eine Frau in Schutz.

Markus 14,3–9

Einmal war Jesus bei einem Fest·essen eingeladen.
Alle Gäste saßen am Tisch.
Da kam plötzlich eine Frau.
Die Frau brachte eine große Flasche Duft·öl mit.
Das Duft·öl war kostbar.
Und wertvoll.

Die Frau schüttete das ganze Duft·öl auf die Haare von Jesus.
Weil die Frau Jesus eine Freude machen wollte.
Einige Leute wurden neidisch.
Und sauer.
Die Leute schimpften wegen der Frau.
Die Leute sagten:

> Die Frau soll das kostbare Duft·öl nicht bei Jesus über den Kopf gießen.
> Das ist Verschwendung.
> Die Frau soll das kostbare Duft·öl lieber verkaufen.
> Dafür bekommt die Frau viel Geld.
> Die Frau kann das Geld für arme Leute spenden.

Jesus verteidigte die Frau.
Jesus sagte:

> Was die Frau gemacht hat, ist sehr lieb.

Ich freue mich darüber.
Ich freue mich, dass die Frau das Duft·öl für mich verschwendet hat.
Weil ich jetzt noch da bin.
Aber bald bin ich tot.
Dann kann die Frau mir nichts mehr schenken.
Aber die armen Leute sind immer bei euch.
Den armen Leuten könnt ihr jeden Tag etwas schenken.

Jesus sagte sogar:
Was die Frau getan hat, ist sehr gut.
Und sehr richtig.
Darum wird die Geschichte von der Frau aufgeschrieben.
Damit alle Menschen in der Welt von der Frau hören können.
Auch noch in vielen 1000 Jahren.

Jesus nimmt seine Freunde in Schutz.

Markus 2,23–28

Als Jesus lebte, gab es Religions·gelehrte.
Die Religions·gelehrten sagten:
 In der Bibel stehen viele Gesetze.
 Die Gesetze hat Gott gemacht.
 Die Menschen müssen die Gesetze von Gott einhalten.
Deswegen passten die Religions·gelehrten genau auf die Menschen auf.
Damit die Menschen die Gesetze einhalten.

Eines Tages ging Jesus mit seinen Freunden durch Korn·felder.
Der Tag war ein Sabbat.
Der Sabbat ist ähnlich wie ein Sonntag.
Der Sabbat ist zum Ausruhen.

Die Freunde von Jesus hatten Hunger.
Darum pflückten die Freunde Körner von den Korn·feldern.
Und aßen die Körner auf.

Die Religions·gelehrten sagten zu Jesus:
 Heute ist Sabbat.
 Der Sabbat ist zum Ausruhen.
 Am Sabbat ist Körner·pflücken verboten.
 Das hat Gott verboten.

Jesus sagte zu den Religions·gelehrten:

Meine Freunde haben Hunger.
Darum pflücken meine Freunde Körner.
Gott freut sich, wenn die Menschen am Sabbat
satt werden.
Gott will, dass die Menschen am Sabbat
froh sind.

Jesus nimmt die Kinder und ihre Eltern in Schutz.

Markus 10,13–16

Einmal kamen viele Eltern zu Jesus.
Die Eltern brachten ihre Kinder mit.
Jesus sollte den Kindern Gutes tun.
Jesus sollte die Kinder berühren.
Und segnen.

Die Freunde von Jesus waren von den Eltern und Kindern genervt.
Die Freunde von Jesus schimpften mit den Eltern.
Und schickten die Eltern mit den Kindern weg.
Jesus merkte das.
Jesus wurde ärgerlich.
Jesus sagte:

> Alle Kinder dürfen zu mir kommen.
> Die Kinder habe ich besonders lieb.
> Kinder wollen gerne alles von Gott wissen.
> Die Kinder freuen sich über alles, was Gott schenkt.
> Ihr Erwachsenen sollt euch genauso über Gott freuen wie die Kinder.
> Alle Kinder dürfen zu mir kommen.

Jesus nahm die Kinder in seine Arme.
Jesus betete für die Kinder.
Und legte seine Hände auf ihren Kopf.
Und segnete die Kinder.

Jesus nimmt einen fremden Mann in Schutz.

Markus 9,36–41

Einmal sahen die Freunde von Jesus einen fremden Mann.
Der fremde Mann machte Menschen gesund.
Genauso wie Jesus.
Obwohl der fremde Mann nichts von Jesus gelernt hatte.
Und nicht bei Jesus bleiben wollte.

Die Freunde schimpften.
Die Freunde sagten zu Jesus:

> Der Mann darf keine Leute gesund machen.
> Das dürfen nur wir.
> Weil wir immer bei dir sind.
> Aber nicht der fremde Mann.
> Der fremde Mann gehört nicht zu uns.

Jesus sagte zu den Freunden:

> Andere Menschen dürfen genauso beten wie ich.
> Andere Menschen dürfen die Menschen genauso gesund machen wie ich.
> Wer gute Taten macht, ist ein guter Mensch.

Jesus erklärte den Freunden:

> Gott freut sich über **alle** guten Taten.
> Wenn euch einer Wasser zu trinken gibt, ist das eine gute Tat.
> Wenn einer böse Sachen redet, ist das eine schlechte Tat.
> Nur böse Sachen dürft ihr verbieten.

Hier erfahren Sie mehr über das Projekt und das Team.

Wie heißt das Projekt?

Das Projekt heißt:

Die Bibel in Leichte Sprache übersetzen.

Damit alle Menschen die Bibel verstehen können.

Und alle Menschen wissen: Gott ist gut.

Wer ist das Team für das Projekt?

Das Team für das Projekt sind Dieter Bauer,
Claudio Ettl und Schwester M. Paulis Mels.
Dieter Bauer, Claudio Ettl und
Schwester M. Paulis Mels wünschen:

Alle Menschen sollen erfahren, dass Gott gut ist.

Darum haben Dieter Bauer, Claudio Ettl und
Schwester M. Paulis Mels beschlossen:
Wir übersetzen die Bibel in Leichte Sprache.

Das Übersetzen in Leichte Sprache ist schwer.
Darum braucht das Team Helferinnen und Helfer.

Die Helferinnen und Helfer sind Beschäftigte in einer Werkstatt (WfbM).
Oder an einem anderen Arbeits·platz.

Die Helferinnen und Helfer prüfen die Übersetzung vom Team:

- Hat das Team wirklich in Leichte Sprache übersetzt?
- Ist die Übersetzung gut zu verstehen?

Wer hat die Bilder gemalt?

Die Bilder hat Jürgen Raff gemalt.
Jürgen Raff wohnt in Stuttgart.
Jürgen Raff ist Grafiker.

Gibt es noch mehr Bibel·bücher in Leichter Sprache?

Ja.

Es gibt noch mehr Bibel·bücher in Leichter Sprache.

Die Bibel·bücher in Leichter Sprache heißen:

- Evangelien der Sonn- und Festtage im Lesejahr A
  ISBN 978-3-460-32194-6
- Evangelien der Sonn- und Festtage im Lesejahr B
  ISBN 978-3-460-32195-3
- Jesus erzählt von Gott
  ISBN 978-3-460-32196-0

Wie kann ich noch mehr über die Bibel in Leichter Sprache erfahren?

Im Internet können Sie noch mehr über die Bibel
in Leichter Sprache erfahren.

Schauen Sie auf diese Internet·seite:
www.evangelium-in-leichter-sprache.de

Dort finden Sie für jeden Sonntag einen Text
aus der Bibel.
Und ein Bild zu dem Text.
Dort können Sie die Texte auch anhören.
Oder in Gebärden·sprache sehen.

So sieht die Internet·seite aus:

Evangelium in
Leichter Sprache

Such-Wort

Evangelium von diesem Sonntag | Evangelium von nächstem Sonntag | Weitere |

12. Sonntag im Jahreskreis

Markus 4,35-41

Ein heftiger Sturm tut, was Jesus sagt

Einmal fuhr Jesus mit den Jüngern in einem Boot.
Das Boot war auf einem See.
Auf einmal kam ein großer Sturm.
Durch den Sturm kam viel Wasser in das Boot rein.
Viel Wasser im Boot ist gefährlich.
Weil das Boot von dem Wasser untergeht.
Und alle ertrinken.
Aber Jesus merkte gar nichts.
Jesus war eingeschlafen.

Die Jünger weckten Jesus.
Die Jünger schrien:
Jesus, wir gehen unter.
Stört dich das gar nicht?

Jesus wurde wach.
Jesus stand auf.

Text in Leichter Sprache

Text mit Kommentaren

00:00 01:07

Gebärdenvideo ansehen

Verzeichnis der Bibelstellen

Die Autoren

Dieter Bauer, Dipl.-Theol., Theologischer Referent im Katholischen Bibelwerk e. V. in Stuttgart.

Claudio Ettl, Dipl.-Theol., Bibelwissenschaftler und Journalist, Leiter des Ressorts Theologie, Spiritualität und Philosophie an der Akademie Caritas-Pirckheimer-Haus, Nürnberg.

Sr. M. Paulis Mels FSGM, Heilerziehungspflegerin, Heilpädagogin B.A., Erwachsenenbildnerin M.A., Leiterin der katholischen Förderschule für geistige Entwicklung St. Franziskus in Dingelstädt, zertifizierte Übersetzerin für Leichte Sprache.

Der Künstler

Jürgen Raff ist Grafiker und Gärtner. Er arbeitete für Zeitschriften und Werbeagenturen. Seit einigen Jahren ist er Hausmann, schaut nach seinen kleinen Kindern und sitzt auch wieder mit großer Freude hinter dem Zeichenblock.